THÈSE

POUR

LA LICENCE.

TOULOUSE,
TYPOGRAPHIE TROYES OUVRIERS RÉUNIS,
RUE SAINT-PANTALEON, 3.

A LA MÉMOIRE DE MON FRÈRE,

Regrets éternels !!!

A MON PÈRE, A MA MÈRE,

Amour, reconnaissance.

A MA SOEUR,

Affection, dévouement.

A TOUS MES PARENTS ET AMIS,

Sincère attachement.

ACTE PUBLIC

POUR

LA LICENCE

En exécution de l'Article 4 , Titre 2, de la Loi du 22 Ventôse an XII.

SOUTENU PAR

M. VIEUSSE (Jean-François-Marie-Victor-Jules),

Né à Villemur (Haute-Garonne).

Jus Romanum.

De duobus reis stipulandi et promittendi.

INST. LIB. III , TIT. XVI. — PAND. , LIB. XLV , TIT. II. —
COD. LIB. VIII , TIT. XL.

Si cui à pluribus , aut si pluribus ab uno vel à pluribus debetur , communi jure inter creditores debitoresve debitum dividitur , ità ut pro parte tantùm singuli agere vel conveniri possint , quemadmodùm inter heredes hereditaria nomina ex lege XII tabularum erciscuntur.

Hæc autem regula nonnullas exceptiones patitur, veluti, exempli gratiâ, cùm tutorum unusquisque, si modo non omnes solvendo sint, tutelæ totius rationem reddere debet ; aut cùm de iis obligationibus agitur quæ divisionem sive naturâ sive solutione non recipiunt ; aut cùm quidam simul ex delicto vel quasi ex delicto obligati in totum omnes tenentur ; aut denique cùm ità contrahitur ut creditores debitoresve in solidum singuli constituantur, et *duo pluresve stipulandi vel promittendi rei* esse dicantur ; quod tamen verborum obligationibus non omnimodò proprium est, ut constat ex his Papiniani verbis : « .... Fiunt duo rei promittendi, non tantùm verbis stipulationis, sed et cæteris contractibus, veluti emptione venditione, locatione conductione, deposito, commodato, testamento, ut putà si pluribus heredibus institutis testator dixit : *Titius et Mœvius Sempronio decem dato.*» (L. 9 ff. *de duobus reis*). Ait quoque Paulus : « Nam ut stipulando duo rei constitui possunt, ità et testamento potest fieri. » (L. 16, ff. *De Legatis*, Lib. XXXI); et Ulpianus : « Si duo sic deposuerunt ut *vel unus* tollat totum, poterit in solidum agere. » (L. 1, ? 4, ff. *depositi*, Lib. XVI, tit. III.)

De stipulandi vel promittendi reis hìc videndum est. Est autem reus stipulandi, qui stipulatur ; qui autem promittit, reus promittendi habetur.

Et stipulandi et promittendi duo pluresve rei fieri possunt ; qui, auctore Ulpiano (L. 3, § 3 ff. *de liberat. legatâ*, lib. XXXIV, tit. III) *correi* appellari possunt.

Quomodò stipulando vel promittendo correi fiant, priùs dicendum est ; deindè qui sint hujus generis obligationis effectus.

? 1. — *Quomodò correi constituantur.*

Stipulandi rei plures fiunt si post omnium interrogationem promissor respondeat *spondeo* sive *utrique vestrûm spondeo.* Quod si priùs Titio spoponderit, deindè alio interrogante spondeat, alia atque alia erit obligatio, nec erunt duo rei stipulandi.

Item post omnes interrogationes respondere debent promissores ut correi credantur, veluti si quis dixerit : *Mœvi , quinque aureos dare spondes? Sei , eosdem quinque aureos dare spondes?* Et deindè singuli separatim respondeant : *spondeo* aut *spondemus.*

In duobus reis promittendi minimè fit novatio, nam, ait Papinianus, licet antè prior responderit, posterior etsi *ex intervallo* accipiatur, consequens est dicere pristinam obligationem durare, et sequentem accedere.

Longum tamen non esse debet inter duo responsa intervallum, nec ullus actus interesse potest obligationi contrarius; alioquin solus erit prior promittendi reus, nec posterior tenebitur. Nulla enim est verborum obligatio si non continuus sit actus stipulantis et promittentis, aut si aliud post interrogationem interpositum sit, quamvis eâdem die sponsum erit. (L. 137 ff. *de verb. obligat.* Lib. XLV, tit. 1.)

Simili ratione inter stipulatorum interrogationem modicum tantùm temporis spatium esse debet; nec aliud negotium peragendum.

Fidejussor inter duorum reorum responsa interrogatus si responderit, obligationem non impedit, quia nec longum spatium interponitur, neque is actus obligationi contrarius videtur.

Rursùs, ut rei habeantur, idem à singulis creditoribus stipulandum est, idemque à singulis debitoribus promitti necesse est, ità ut inter omnes res una vertatur.

Si ergò quod ego et Titius stipulamur in singulis personis proprium intelligatur, non poterimus duo rei stipulandi constitui : veluti cùm usumfructum aut dotis nomine dari stipulamur. Similiter dicendum est si decem , aut Stichum qui Titius sit, stipulati fuerimus, cum Titio decem tantum, mihi aut Stichus aut decem debeantur. Item, cum duo obligantur, si unum culpam præstaturum paciscatur, alterum vero non, et in aliis casibus quibus impar suscipi videtur obligatio. Duo fabri ejusdem peritiæ easdem operas promittere intelliguntur et ideò rei promittendi possunt fieri.

Ex pluribus autem reis, alius purè, alius in diem, vel sub conditione obligari potest , eadem enim res sub variis modis potest deberi. Sic, duobus promittendi reis constitutis , ab uno duntaxat fidejussorem stipulator accipere potest.

Hoc denique observandum est quod creditores debitoresve rei non intelliguntur , nisi singulos in solidum stipulatos esse aut promisisse planè manifestum sit (L. II , §§ 1 , 2, ff *h. t.*). Qui autem promittunt , curandum est ut promittant principaliter , et ità correus à fidejussore distinguatur.

§ II. — *Quinam sint correorum obligationis effectus.*

« Ex hujusmodi obligationibus , ait Justinianus (Ins. § 1 *h. t.*) , et stipulantibus solidum singulis debetur , et promittentes singuli in solidum tenentur. In utràque tamen obligatione una res vertitur , et vel alter debitum accipiendo , vel alter solvendo , omnium perimit obligationem , et omnes liberat. » — Cùm enim una res debeatur , una tantùm præstanda est solutio.

Ideò creditorum unusquisque in unum ex debitoribus , quem voluerit, agere potest , hoc tamen observato, si ex duobus reis promittendi alter purè , alter in diem vel sub conditione promiserit, illum tantùm conveniri posse quamdiù dies non venerit , aut pendebit conditio. Cùm in unum actum est , litis contestatione cæteri debitores liberantur (secùs Justiniani tempore), nec non et cæterorum creditorum jura evanescunt.

Promissor quoque cuilibet stipulantium quem elegerit , solvere vel pecuniam offerre potest , sed antequàm ab alio petatur , non posteà ; nam si semel creditorum unus egerit , alteri promissor pecuniam offerendo nihil agit.

Prætereà novatione, etiam inter unum ex creditoribus unumque ex debitoribus factà , ergà cæteros obligatio perimitur ; item aliis modis quibus solvuntur aliæ obligationes , ideòque acceptilatione et jurejurando ab uno ex stipulandi reis delato. Compensationem propriam debitor opponere potest , non ex correorum suorum personâ , nisi socii sint ; item non ex personâ stipulatoris qui actor non est.

Quid autem si ne petatur pactum fuerit ? Si in rem ità pactum erit , omnibus debitoribus prodest , totaque obligatio tollitur ; secùs autem si in personam , quo casu cæteri promissores obligati permanent , licet socii sint , quia non ad inexpectatum lucrum participandum societatem iniisse videri possunt. Aliis autem stipulandi reis minimè unius pactum sive in personam sive in rem conceptum officit , quamvis unus jure acceptum facere potuisset ; non enim pactum solutioni adæquandum est.

Porrò multùm interest utrùm res ipsa solvatur , an persona liberetur. Cùm persona liberatur , manente obligatione , correus durat obligatus ; quod evenit si ex duobus debendi reis unus capitis deminutione exemptus sit.

Quamvis unius solutione debitores omnes liberentur , qui solvit nihil ab aliis repetere potest , quia proprium debitum solvit ; pari ratione , si uni ex creditoribus solutum fuerit , nihil cæteris licet ab eo exigere. Secùs autem in utroque casu dicendum est , si correi socii sint , aut mandatum inter eos extiterit.

A singulis debiti partes peti posse nequaquam dubium est. Sed quæsitum est an promittendi rei beneficium divisionis , post Hadriani epistolam , consecuti fuerint. Quod plerique non admittendum putant , quia tale beneficium correalis obligationis naturæ incongruum videtur. Sed ex Justiniani novellâ , actor omnes promittendi reos in jus vocare debet, atque ità divisio obtinetur , cùm damnatio partes faciat.

Ex duobus reis promittendi constitutis , alterius factum alteri quoque nocet : hæc Pomponii sententia (L. 18 , ff. *h. t.*) ; sed non idem Marciano et Paulo de morâ visum est ; suam enim unicuique moram nocere aiunt , non alteri (ff. L. 32 , § 4 , *de usuris*, lib. XXII, tit. I. — L. 173 , § 2 , , *de regulis juris*, lib. L, tit. XVII.)

Code Napoléon.

LIV. III , TIT. V.

Du Contrat de Mariage.

CHAPITRE II.

Première Partie. — Section III.

De la Dissolution de la Communauté et de quelques-unes de ses suites.

« La communauté se dissout , nous dit l'article 1441 du Code Napol. ; 1º par la mort naturelle ; 2º par la mort civile ; 3º par le divorce ; 4º par la séparation de corps ; 5º par la séparation de biens. »

Les cinq causes de dissolution ainsi prévues par le Code Napoléon se trouvent réduites à trois, par l'abolition du divorce (loi du 8 mai 1816) et de la mort civile (loi du 31 mai 1854). On pourrait même ne pas mentionner la séparation de corps et ne pas en faire un cas distinct de la séparation de biens , puisque c'est évidemment comme entraînant la séparation de biens qu'elle produit la dissolution de la communauté. — Il ne resterait dès-lors que deux causes : 1º la mort naturelle ; 2º la séparation de biens , mais il convient d'en ajouter deux autres que l'article 1441 ne prévoit pas. Ce sont : en premier lieu , le jugement qui annulle le mariage putatif ; jusqu'à ce jugement le mariage ainsi annulé a dû produire ses effets civils et la communauté a existé ; en second lieu, la déclaration d'absence de l'un des époux , lorsque l'époux présent opte pour la dissolution de la communauté (Art. 124), mais ici la dissolution n'a qu'un caractère incertain et provisoire ; elle ne sera définitive qu'autant qu'on ne prouvera pas ultérieurement soit l'existence, soit le décès de l'absent. La preuve de l'existence rendrait la dissolution comme non-avenue , la preuve du décès reporterait cette dissolution au moment de la mort, et la communauté aurait cessé , dans ce cas, par la première des causes qu'énumère le Code. Lorsque après la déclaration d'absence , l'époux présent opte pour la continuation de la communauté , cette continuation n'a elle-même rien d'irrévocable. La communauté pourra avoir été dissoute antérieurement par le décès de l'absent , si la preuve de ce décès est acquise , ou bien , si l'absence parvient à la période de l'envoi en possession définitif (Art. 129), il faudra considérer la communauté comme ayant cessé à l'époque de la disparition de l'absent ou de ses dernières nouvelles.

Telles sont les causes de dissolution de la communauté. L'ordre du Code nous oblige de nous occuper spécialement de l'une d'elles, la séparation de biens ; nous allons consacrer une première section aux dispositions de la loi sur cette matière, puis nous parlerons , dans une seconde section, des suites de la dissolution de la communauté , quelle que soit la cause qui ait donné lieu à cette dissolution.

SECTION PREMIÈRE.

De la Séparation de Biens.

§ 1er. — *Des causes et des formes de la Séparation de Biens.*

La séparation de biens est un remède accordé à la femme pour la garantir de la mauvaise administration de son mari et du désordre de ses affaires ; mais on ne le lui concède que dans deux cas : 1º quand son apport , c'est-à-dire ce qui ne tombe pas en communauté , se trouve en péril ; 2° quand son mari ne présente pas une solvabilité suffisante pour ses droits et reprises. L'action en séparation de biens étant destinée surtout à protéger la femme , ne doit point dégénérer en un moyen de fraude ; aussi le législateur l'a-t-il interdite au mari. Ses créanciers peuvent , néanmoins , intervenir dans l'instance pour contester la demande et critiquer le jugement une fois rendu en fraude de leurs droits (Art. 1447). Alors , dans ce dernier cas , il leur sera permis d'attaquer le jugement , non-seulement par les voies ordinaires de l'appel et de l'opposition , en vertu de l'art. 1166 , mais encore par la tierce-opposition , en prouvant la fraude par application de l'art. 1167.

La séparation de biens ne saurait jamais être le résultat de la convention des parties , mais seulement de la décision des juges.

Le jugement de séparation de biens ayant un effet rétroactif au jour de la demande , dans la crainte qu'il n'y eût un piège tendu aux créanciers qui viendraient à contracter avec le mari dans l'intervalle de la demande au jugement , la loi exige qu'une entière publicité soit donnée à cette demande au moyen de formalités qu'elle précise et dont l'accomplissement doit précéder d'un mois au moins la prononciation du jugement. (Art. 1445).

La séparation une fois obtenue , il n'est pas douteux que la femme ne puisse faire valoir les droits résultant du jugement qui l'a prononcée. Mais ce jugement doit être également rendu public au moyen des formalités indiquées par la loi et recevoir soit une exécution immédiatement réalisée par le paiement des droits et reprises de la femme , constaté dans un acte authentique , soit tout au moins un commencement d'exécution par des poursuites intentées dans la quinzaine qui a suivi le jugement et non interrompues depuis. Mais les créanciers personnels de la femme peuvent-ils , sans son consentement , demander la séparation de biens ? Nous répondrons négativement , en invoquant l'art. 1446 ; la loi ne devait pas sacrifier à l'intérêt matériel des créanciers les intérêts moraux de toute une famille. Disons néanmoins que si la loi a rejeté au second rang les intérêts des créanciers , elle a pris grand soin de les y protéger, puisque, en cas de faillite, ils peuvent, d'après le second alinéa de l'article précité, exercer les droits de leur débitrice jusqu'à concurrence du montant de leurs créances.

§ II. — *Effets de la séparation de biens.*

La séparation de biens laissant subsister le mariage, il est naturel que les charges qui en étaient supportées par la communauté le soient alors par les époux en raison de leurs facultés. A partir de ce moment, chacun des époux contribuera proportionnellement tant aux charges du ménage qu'à l'entretien des enfants communs. S'il ne reste rien à l'un des époux, l'autre devra supporter entièrement ces frais.

La femme, après la dissolution de la communauté, reprend la libre administration de ses biens ; ainsi elle pourra passer des baux à ferme ou à loyer qui n'excèderont pas neuf ans, aliéner directement son mobilier ou contracter des obligations jusqu'à concurrence de la valeur de ce mobilier ; mais comme elle n'a que la simple administration de ses biens, elle ne pourra aliéner ses immeubles sans le consentement du mari ou l'autorisation de la justice (1449). — Le mari, malgré la séparation de biens, a toujours autorité sur sa femme, et la loi dès lors le déclare responsable du défaut d'emploi du prix des immeubles de sa femme, 1º lorsque d'abord elle présume que le prix a été reçu par lui ; 2º lorsque, au lieu d'une présomption, il y a preuve que le prix a été reçu par lui ou a tourné à son profit. Observons cependant que le mari, dans le cas de l'aliénation d'un immeuble par sa femme, soit qu'il ait donné son consentement à cette aliénation, soit qu'il l'ait refusée, n'est jamais responsable de l'*utilité* de l'emploi du prix ; la femme ayant l'administration de ses biens, doit s'assurer de la solvabilité de ses débiteurs. Le mari, en effet, n'est responsable que du défaut d'emploi ou de remploi du prix de l'immeuble, lorsqu'il en a autorisé l'aliénation : car s'il avait refusé l'adhésion qu'on lui demandait, il ne serait tenu à aucune garantie. La loi se contente de demander au mari l'argent qu'il a touché ou qu'il est présumé avoir touché. (1450).

La séparation judiciaire peut cesser dans deux cas : 1° Si la femme ne met pas à exécution le jugement qu'elle a obtenu (1444) ; 2° par le consentement mutuel des époux. La volonté des deux époux pour être efficace doit être constatée par acte passé devant notaire , avec minute , dont on doit afficher l'expédition dans l'auditoire du tribunal civil , ainsi que dans celui du tribunal de commerce, dans le cas où l'un des époux ou tous les deux seraient commerçants. On voit d'après cela, que si la loi s'est montrée rigoureuse pour autoriser la séparation de biens judiciaire , elle ne favorise pas moins le retour aux conventions matrimoniales primitives , car, une fois la communauté rétablie, elle reprend son effet du jour du mariage, sans préjudice pourtant de tous les actes qui ont pu être faits par la femme durant la séparation de biens , en conformité de l'article 1449. Toute convention par laquelle les époux rétabliraient la communauté sous des conditions autres que celles qui existaient antérieurement, est nulle, quand même elles seraient la condition expresse du rétablissement (1451) ; on ne tiendra donc compte d'aucune des modifications stipulées.

SECTION II.

Des suites de la dissolution de la communauté.

Nous avons vu comment se dissout la communauté , et nous avons particulièrement étudié l'une des causes qui produisent cette dissolution , la séparation de biens prononcée en justice; voyons maintenant quelles sont les conséquences de cette dissolution ; ces conséquences varient suivant la manière dont la femme exerce son droit d'opter entre l'acceptation et la répudiation de la communauté ; l'acceptation et la renonciation nous présentent deux hypothèses inverses qu'il nous faudra examiner séparément, après l'exposé de quelques dispositions générales ; par là notre matière se divise tout naturellement en trois paragraphes : 1º droit d'option de la femme, et règles communes à l'acceptation et à la renonciation ; 2º effets de l'acceptation ; 3º effets de la renonciation.

§ 1er.— Du droit d'option et des règles communes à l'acceptation et à la renonciation.

C'est à la femme seule qu'il appartient d'accepter ou de répudier la communauté, comme correctif des règles exorbitantes qui constituent le régime de la communauté ; cette faculté est refusée au mari parce qu'il en est le chef et l'administrateur irresponsable. Ce droit est en grande partie analogue à celui qu'ont les héritiers d'accepter ou de répudier une succession ; aussi sur plusieurs points les mêmes règles sont applicables. C'est pourquoi la femme ne peut renoncer à la communauté, lorsqu'elle l'a acceptée, soit expressément, soit tacitement ; elle peut néanmoins accepter purement et simplement ou sous bénéfice d'inventaire. L'effet de l'acceptation remonte au jour de la dissolution de la communauté, comme la femme qui renonce est censée n'avoir jamais été commune. Ce que nous venons de dire de la femme, nous devons l'appliquer également à ses représentants (art. 1453). Il est toujours permis aux créanciers de la femme ou de ses représentants de faire annuler toute acceptation ou renonciation faite en fraude de leurs droits. Ainsi, dans le cas d'une renonciation frauduleuse, ils pourraient se faire autoriser à accepter la communauté jusqu'à concurrence de leurs créances (1464).

L'acceptation peut être expresse ou tacite : elle est expresse, quand la femme, dans un acte public ou sous-seing privé, prendra la qualité de commune en biens (1455) ; alors, évidemment, elle aura manifesté son intention d'accepter. L'acceptation sera tacite, quand la femme fera un acte qui supposera nécessairement sa volonté d'accepter et qu'elle n'aurait droit de faire qu'en sa qualité de commune (778) ; par exemple, si elle faisait donation, vente ou transport de ses droits à la communauté, soit à un étranger ou à son mari. Les actes purement conservatoires , de surveillance et d'administration provisoire , ne sont pas des actes qui emportent acceptation (1454). La prudence commande néanmoins que pour tout acte douteux , la femme se fasse autoriser par ordonnance du président du tribunal à passer cet acte en sa qualité d'habile à se porter commune en biens.

La renonciation est aussi expresse ou tacite ; expresse , elle se fera par une déclaration passée au greffe et inscrite sur le registre des renonciations à succession. C'est ainsi qu'elle pourra, en général, être valable à l'égard des créanciers. — La renonciation tacite a lieu quand la personne présumée renonçante par la loi laisse passer les délais fixés pour son acceptation. (1463).

Lorsque la dissolution de la communauté est occasionnée par la mort du mari, la femme doit, dans les trois mois du jour du décès, faire dresser un inventaire fidèle et exact de tous les biens de la communauté, contradictoirement avec les héritiers du mari ou eux appelés ; elle devra en affirmer la sincérité lors de sa clôture devant l'officier public qui l'aura reçu. — A défaut par elle d'avoir fait dresser cet inventaire dans le délai fixé par la loi , elle est déchue du droit de renoncer et reste définitivement acceptante. Les héritiers du mari qui ne sont pas tenus de rester dans l'indivision, pourront poursuivre la femme comme commune lorsqu'elle aura laissé écouler les quarante jours accordés pour délibérer après la confection de l'inventaire ; la même faculté est accordée aux créanciers de la communauté, qui doivent recevoir le prix de leurs créances. L'expiration du délai de quarante jours ne rend pas la femme acceptante ; elle peut renoncer à toute époque , sauf à payer les frais exposés jusqu'à sa renonciation ; mais si étant poursuivie, elle ne renonçait pas et se laissait condamner comme commune, elle serait irrévocablement acceptante. (1456, 1459). Il en serait de même si elle n'avait pas fait d'inventaire dans des délais fixés par la loi , si elle s'était immiscée dans la communauté, ou enfin si elle avait recélé quelques effets appartenant à cette communauté.

La femme présumée acceptante quand la dissolution arrive par la mort naturelle du mari , est au contraire présumée renonçante quand c'est par un jugement de séparation de corps ou de séparation de biens que la communauté se dissout. Elle devra, dans les trois mois et quarante jours qui suivront, soit le jugement de séparation de corps, soit le jugement de séparation de biens, se prononcer, pour l'acceptation ou pour la répudiation, sans quoi elle sera censée avoir renoncé. Les délais dont nous avons parlé pourront être augmentés par le juge, sur la demande de la femme. — Nous devons dire, en terminant ce paragraphe, que la femme a le droit, pendant les délais pour faire inventaire et délibérer, et soit qu'elle accepte ou qu'elle renonce, d'être logée et nourrie aux frais de la communauté, qu'elle soit bonne ou mauvaise. Ce droit est personnel à la femme ; ses héritiers ne sauraient s'en prévaloir. (1465, 1481).

§ II. — *Des effets de l'acceptation.*

L'acceptation, qui fait remonter ses effets au jour de la dissolution, confirme chez la femme sa qualité de commune et la rend définitivement copropriétaire aux biens et coobligée aux dettes. « Après l'acceptation de la communauté par la femme ou ses héritiers, dit l'art. 1467, l'actif se partage et le passif est supporté de la manière ci-après déterminée. »

Avant de procéder au partage proprement dit, il est nécessaire de composer la masse commune à diviser et de la dégager des biens non communs ; de là une double opération. Il faut, en premier lieu, que chaque copartageant rapporte, réellement ou fictivement, tout ce dont il est débiteur envers la communauté, à titre de récompense ou d'indemnité (Art. 1468, 1469). En second lieu, chacun des époux reprend ou prélève : 1º ses biens propres, s'ils existent en nature, sinon ceux qui ont été acquis en remploi ; 2º le prix de ses immeubles aliénés pendant le mariage et dont il n'a pas été fait remploi ; 3º les indemnités ou récompenses qui lui sont dues par la communauté (1470) Ces prélèvements se font par chaque époux, d'abord sur le numéraire de la communauté, ensuite sur le mobilier à son choix et subsidiairement sur les immeubles aussi à son choix. La femme exerce ses prélèvements avant ceux du mari, et en cas d'insuffisance des biens communs, elle peut exercer ses reprises sur les biens personnels du mari , tandis que le mari ne peut exercer ses reprises que sur les biens de la communauté. Ce que nous venons de dire de la femme s'applique également à ses héritiers.

A partir de la dissolution , les intérêts des sommes à rapporter ou à reprendre courent de plein droit et sans demande au profit de la communauté ou de l'époux à qui elles sont dues (1473) ; au contraire , les créances personnelles que les époux ont à exercer l'un contre l'autre ne portent intérêt que du jour de la demande en justice (1479), comme des créances ordinaires.

Examinons d'abord comment se partage l'actif, nous verrons ensuite la division du passif.

Partage de l'actif. — L'actif commun se partage par moitié entre le mari et la femme ou leurs héritiers et représentants (1474 et 1491). Il faut observer que si l'un des copartageants, même mineur, a diverti ou recélé des objets de la communauté , même après la confection de l'inventaire , il est privé de sa moitié dans les objets, et à plus forte raison des droits que la libéralité de son conjoint lui aurait conférés sur l'autre moitié (1477).

Nous devons appliquer au partage d'une communauté les règles établies par la loi pour les formes et les effets du partage des successions. Ainsi , le partage ne peut s'opérer qu'en justice , lorsque les héritiers de la femme ou du mari sont mineurs ; de plus , le partage sera, quant à ses effets, purement déclaratif et non translatif de propriété, et chaque copartageant sera réputé propriétaire exclusif des biens qui composent son lot , à dater du jour même où ils sont entrés dans la communauté. S'il arrive qu'après le décès de la femme quelques-uns de ses héritiers acceptent la communauté , tandis que d'autres y renoncent , la part des renonçants accroît au mari , *quasi jure non decrescendi* , et celui-ci demeure chargé envers les héritiers renonçants, dans la proportion de leur part héréditaire , des droits que la femme aurait pu exercer en cas de renonciation (1475).

Division du passif. — Le principe de division dont il est ici question , a un double objet : d'une part , il s'applique entre les époux pour fixer la contribution définitive de chacun d'eux dans les dettes tombées réellement à la charge de la communauté (mais non dans celles que la communauté pouvait seulement être contrainte d'acquitter, sauf récompense; celles-ci doivent être définitivement supportées en entier par l'époux du chef duquel elles proviennent); en second lieu , il règle le droit de poursuite des créanciers et détermine la part pour laquelle chaque époux pourra être actionné comme commun , sans préjudice du droit que les créanciers conserveront de poursuivre l'un des époux , suivant les circonstances , pour une part plus forte , et même pour la totalité.

En ce qui concerne les époux entr'eux , la règle générale est que chacun d'eux doit supporter la moitié des dettes communes (art. 1482), sauf les exceptions provenant du bénéfice d'émolument accordé à la femme (1483) ; d'où il résulte que toutes les fois que l'un des époux aura payé au-delà de ce qu'il devait payer réellement , il sera admis à exercer un recours contre l'autre. En dehors des dettes personnelles à chacun des époux, la communauté a son passif. Il comprend, indépendamment de ce qui est dû par elle au moment de la dissolution , tous les frais faits pour la liquidation.

Posons maintenant quelques-unes des règles applicables à la position de chaque époux à l'égard des créanciers : 1° L'époux poursuivi par un créancier comme débiteur personnel , abstraction faite de sa qualité d'époux commun , est tenu pour le montant intégral de sa dette. (Le fait de la communauté ne peut nuire au créancier); — 2° L'époux actionné en sa qualité d'époux commun , n'est tenu que pour moitié , c'est-à-dire à concurrence de son droit dans la communauté; — 3° L'époux poursuivi par un créancier comme tiers détenteur d'un immeuble hypothéqué par son copartageant, est tenu pour le tout ; c'est une conséquence de l'indivisibilité de l'hypothèque; mais dans ce cas l'époux détenteur de l'immeuble hypothéqué pourra poursuivre son conjoint ou ses héritiers pour la moitié de cette dette. Lorsqu'un des époux a payé des dettes de la communauté, au-delà de la portion dont il était tenu, il est présumé avoir voulu libérer son conjoint et n'a droit, dès-lors, à aucune répétition. Il en serait autrement si la quittance portait que la somme a été payée par l'époux pour la part dont il était tenu. Alors la répétition serait admise, puisqu'on supposerait que c'est par erreur de calcul que l'excédant a été payé.

§ 3. — Des effets de la renonciation.

En renonçant, la femme perd son droit aux biens tant mobiliers qu'immobiliers qui composent la communauté même à ceux qui y sont entrés de son chef. (Art. 1492). On ne lui accorde que la faveur de retirer les linges et hardes à son usage; c'est-à-dire, tout ce qui sert exclusivement à la femme, toute sa garde-robe, quelle qu'en soit la valeur. Elle a aussi, au détriment des créanciers, le droit de prendre sa nourriture et celle de ses domestiques sur les provisions existantes, et même par emprunt au compte de la masse, ainsi que le droit d'habitation pendant trois mois et quarante jours (1465). Les héritiers ne jouissent pas de ces avantages; la raison qui les a fait accorder à la femme n'existe pas pour eux. (1495).

Mais, en perdant tout droit aux biens de la communauté, la femme garde évidemment ses propres, et dès lors l'art. 1493 lui reconnaît le droit de reprendre : 1° les immeubles lui appartenant, s'ils existent en nature, ou ceux qui ont été acquis en remploi ; 2° le prix de ses immeubles aliénés dont le remploi n'a pas été fait ou régulièrement accepté ; 3° toutes les indemnités qui peuvent lui être dues par la communauté.

La femme qui renonce agit contre son mari pour le paiement des sommes qui lui sont dues, comme un créancier ordinaire. Elle peut exercer cette action, tant sur les biens ci-devant communs, que sur les biens propres du mari. Aucune des dettes de la communauté ne devra être supportée par elle, que celles qui y sont entrées de son chef, ou pour lesquelles elle s'est obligée personnellement ; et dans ce dernier cas, elle peut avoir un recours contre son mari qui, en prenant seul l'actif, reste seul chargé de supporter le passif (art. 1494.)

Procédure Civile.

Partie Iʳᵉ. — Liv. II , Tit. VII.

(Art. 122 à 127.)

Du délai de grâce et de la contrainte par corps.

I. — *Du délai de grâce.*

L'une des modalités les plus fréquentes que présentent les obligations, c'est le *terme* ou le *délai* , c'est-à-dire cette restriction qui , sans rien ôter à l'engagement de sa force et de son irrévocabilité , a néanmoins pour effet d'en retarder l'exécution pendant un certain temps ou jusqu'à la réalisation d'un événement déterminé.

Terme et *délai* ne sont pas rigoureusement synonymes ; le mot *délai* indique le laps de temps pendant lequel l'exécution de l'obligation est suspendue. Le *terme* est l'échéance du délai. Cependant les deux expressions sont fréquemment employées l'une pour l'autre, et dans beaucoup de cas cet usage peut être suivi sans inconvénient.

Le terme résulte généralement de la convention. Il prend alors le nom de *terme de droit*. D'autres fois il émane du juge ; c'est alors le terme ou délai de grâce. Né de la libre volonté des parties , le terme de droit diffère par ses causes du terme de grâce que le juge accorde en considération de la position du débiteur , pour lui faciliter sa libération et

3

empêcher des poursuites rigoureuses ; il en diffère aussi par ses effets , comme nous le verrons plus loin.

A côté du terme conventionnel et du terme de grâce ou judiciaire , on peut en placer un troisième , le terme légal : c'est celui que la loi accorde quelquefois elle-même ; par exemple , quand elle donne le délai d'un an au mari pour restituer les sommes dotales après la dissolution du mariage. (Code Napoléon , art. 1565). Il y a aussi une sorte de terme légal dans les délais de procédure, c'est-à-dire dans les intervalles plus ou moins longs que la loi ordonne de laisser entre les divers actes de poursuites; mais il ne s'agit pas ici d'un terme véritable, suspensif des actes d'exécution , puisque ces actes suivent au contraire leur cours régulier.

Nous n'avons à nous occuper que du délai de grâce. En envisageant cette matière , deux questions principales se présentent : 1º quel est le pouvoir du juge relativement au délai de grâce ; 2º quels sont les effets de ce délai. Ces deux points vont faire l'objet de deux paragraphes.

§ 1er. — *Pouvoir du Juge quant au délai de grâce.*

Le Code de Procédure interdit aux juges d'accorder le délai de grâce dans certains cas (Art. 124) ; mais il ne dit pas d'une manière directe et positive , quels sont les cas où ce délai peut être donné. Il faut à cet égard se référer à l'article 1244 du Code Napoléon :

« Le débiteur ne peut point forcer le créancier à recevoir en partie le paiement d'une dette , même divisible.

» Les juges peuvent, néanmoins, en considération de la position du débiteur , et en usant de ce pouvoir avec une grande réserve, accorder des délais modérés pour le paiement , et surseoir à l'exécution des poursuites , toutes choses demeurant en état. »

On voit à la lecture de cet article que la loi laisse au juge des pouvoirs très-étendus ; elle le constitue appréciateur souverain de la position du débiteur et de l'opportunité qu'il peut y avoir à accorder du délai ; elle lui confie le soin de concilier avec les inspirations de l'humanité le respect dû aux droits du créancier ; elle exige seulement que ces droits ne soient pas mis en péril (toutes choses demeurant en état), et à cette restriction elle ne joint que le conseil, plutôt que le précepte, *d'user du pouvoir* qu'elle confère *avec une grande réserve.*

On peut donc dire que le juge a la faculté d'accorder le délai de grâce toutes les fois que ce délai n'est point de nature à compromettre les droits du créancier, et sauf les cas où la loi le lui interdit expressément.

Cette dernière restriction nous semble même rentrer dans la première et n'être que l'application à des circonstances spéciales du principe que les *choses doivent demeurer en état.*

En effet, les articles 157 et 187 du Code de Commerce défendent d'accorder aucun délai pour le paiement des lettres de change et des billets à ordre ; la raison en est évidemment que ce retard pourrait être fort préjudiciable au créancier ; la célérité, les recouvrements à jour fixe, voilà des lois impérieuses dans les affaires commerciales. Les tribunaux de commerce peuvent néanmoins comme les tribunaux civils accorder des délais de grâce en toute autre matière que celle des lettres de change et des billets à ordre.

L'article 124 du Code de Procédure civile contient également, dans presque tous les cas qu'il énumère, la conséquence de cette idée que les droits du créancier ne doivent pas être compromis par le délai de grâce.

« Le débiteur, dit cet article, ne pourra obtenir un délai, ni jouir du délai qui lui aura été accordé, si ses biens sont vendus à la requête d'autres créanciers, s'il est en état de faillite, de contumace, ou s'il est constitué prisonnier, ni enfin lorsque, par son fait, il aura diminué les sûretés qu'il avait données par le contrat à son créancier. »

Reprenons les circonstances prévues par cet article :

1º Vente des biens du débiteur par d'autres créanciers ;

2º Son état de faillite;

3º Son emprisonnement (pour dettes évidemment).

Ces trois cas peuvent se ramener d'une manière générale à celui d'*insolvabilité* du débiteur. Cette insolvabilité ne saurait comporter la concession du délai de grâce : Le créancier serait ici trop exposé à voir ses intérêts compromis et d'autres créanciers payés à son détriment. D'ailleurs quelle utilité y aurait-il à accorder un terme à celui qui se trouve réduit à l'impossibilité de se libérer ? Aussi le commerçant est-il déchu, en cas de faillite, même du bénéfice du terme conventionnel (Code Napoléon art. 1188; Code de Commerce art. 444), et à l'égard du débiteur non commerçant, on est généralement d'accord, qu'il ne faut pas s'attacher exclusivement aux deux circonstances de la vente de ses biens ou de son emprissonnement, pour appliquer l'article 124, lorsque l'insolvabilité est démontrée par d'autres signes non équivoques, un procès-verbal de carence , la cession de biens opérée au profit d'autres créanciers ; les raisons sont les mêmes pour priver du délai de grâce. L'article 1913 du Code Napoléon nous fournit dans ce sens un argument *à fortiori*.

4° *Contumace du débiteur.* — La position du coutumax, peu rassurante pour ses créanciers, ne peut lui laisser l'espoir de se libérer aisément , et ne saurait d'ailleurs comporter beaucoup de bienveillance de la part du juge.

5o *Diminution par le fait du débiteur des sûretés qu'il avait données par le contrat à son créancier.* — Cette circonstance fait perdre au débiteur même le terme conventionnel, d'après la disposition positive de l'article 1188 du Code Napoléon. Remarquons qu'il faut , pour l'application de l'article 124, que la diminution des sûretés ait eu lieu *par le fait* du créancier, ce qui exclut les cas de force majeure. Les articles 2020, 2131 du Code Napoléon, obligent cependant le débiteur à fournir de nouvelles garanties, ou même à payer sans délai si la caution est devenue insolvable, ou si l'immeuble hypothéqué a éprouvé des dégradations qui rendent l'hypothèque insuffisante ; mais pour que dans ces cas le débiteur qui n'a rien à se reprocher, ne puisse obtenir le délai de grâce, il faudra que la créance soit réellement mise en péril par la diminution des sûretés.

L'article 122 vient apporter un autre genre de limitation au pouvoir du juge. Il est ainsi conçu :

« Dans les cas où les tribunaux peuvent accorder des délais pour l'exécution de leurs jugements , ils le feront par le jugement même qui statuera sur la contestation , et qui énoncera les motifs du délai. »

Le législateur n'a pas voulu que la partie qui n'a point demandé de délai au moment du jugement, fût admise à en solliciter un après la condamnation. Il a pensé que cette demande tardive ne reposerait pas en général sur des motifs suffisants. Il a craint aussi, sans doute, les anciens abus des lettres de répit.

Mais faut-il assimiler sur ce point au jugement les autres titres exétoires? Faut-il décider qu'au cas où le titre de la créance est par exemple un acte notarié, le débiteur est dans la même situation qu'après une condamnation et ne peut obtenir un délai? — La majorité des auteurs l'a pensé, mais la jurisprudence parait être d'un avis contraire. Nous préférerions cette dernière opinion, qui nous semble plus conforme à l'esprit de la loi sans en contredire la lettre. L'article 1244 du Code Napoléon n'a fait aucune distinction, et à bon droit, la position du débiteur n'étant pas moins digne d'intérêt, par cela que le titre est authentique. L'article 122 ne saurait être invoqué par analogie ; on ne peut faire ici au débiteur le même reproche que lorsqu'il s'est laissé condamner sans invoquer le terme de grâce. Pas plus qu'en souscrivant un titre privé, il ne pouvait prévoir, en consentant le titre authentique, les circonstances difficiles où il se trouverait un jour ; d'ailleurs, au lieu de s'adresser à un juge équitable et impartial, il n'avait affaire qu'à un créancier intéressé. Ecartons donc ici l'article 122 pour n'appliquer que la disposition générale de l'article 1244. Seulement, gardons-nous de croire que le débiteur puisse aller demander directement un délai à la justice, autrement qu'à l'occasion d'une difficulté soulevée par l'exécution du titre. L'article 2212 du Code Napoléon, qui permet au débiteur d'obtenir la suspension des poursuites en expropriation forcée, lorsqu'il justifie que le revenu de ses biens pendant une année suffit pour désintéresser le créancier poursuivant, nous prouve que le délai judiciaire peut être accordé même quand il y a un acte authentique ; mais il nous prouve aussi que ce n'est qu'exceptionnellement et au moyen de justifications déterminées que le délai peut être l'objet d'une demande principale.

On a demandé si le juge peut accorder un délai au débiteur, nonobstant toute stipulation contraire insérée au contrat. Nous répondrons affirmativement. Si c'est par des considérations d'humanité que le juge doit répondre favorablement à la demande de délai, comment pourrait-il être lié par une clause antérieure , consentie peut-être sans réflexion par un débiteur dont la position était meilleure? Ne serait-il pas à craindre que les clauses de ce genre ne devinssent de style? Le délai de grâce est accordé au débiteur poursuivi, en considération de sa position actuelle ; nous pensons donc que le juge doit avoir uniquement égard à cette position , mais toujours « les choses demeurant en état. »

On a aussi demandé si le juge a la faculté d'accorder plusieurs délais., en ce sens que le débiteur puisse se libérer par fractions et à diverses époques. La question est controversée. Nous croyons pourtant devoir la résoudre affirmativement par les termes mêmes de l'article 1244 du Code Napoléon. C'est, en effet, après avoir posé cette règle : « Le débiteur ne peut payer partiellement même une dette divisible» , que l'article ajoute cette exception : « Le juge peut , *néanmoins* , accorder des *délais modérés* pour le paiement». Le premier alinéa perd donc son autorité dans la question ; d'un autre côté , notre opinion est rigoureusement conforme au texte , ces mots *délais modérés* signifiant évidemment plusieurs délais.

Il nous reste à nous demander quelle est la durée du délai que le juge peut donner. La loi est muette sur ce point , d'où il faut conclure qu'elle s'en est rapportée à la sagesse du juge et que celui-ci pourra fixer un délai plus ou moins long selon les circonstances. Il pourra donc dépasser le terme des trois mois , maximum fixé par l'ancien droit ; il serait même difficile de tirer de l'art. 2212 déjà cité , un argument suffisant pour fixer dans tous les cas la limite à un an.

§ 2. — *Effets du délai de grâce.*

Voyons d'abord quel est le point de départ du délai accordé par le juge.

« Le délai courra , nous dit l'art. 123 , du jour du jugement , s'il est contradictoire, et de celui de la signification , s'il est par défaut. »

Le délai peut donc être accordé même dans une condamnation par défaut , et nous ne pensons pas qu'il y ait lieu de distinguer à cet égard le défaut faute de comparaître , du défaut faute de conclure ; ce serait ajouter à la loi sans raisons sérieuses.

En faisant courir le délai du jour du jugement s'il est contradictoire , la loi a voulu donner le moyen d'éviter les frais d'expédition et de signification.

L'effet naturel du délai de grâce , c'est d'empêcher les poursuites pendant toute sa durée. Mais la loi interdit-elle au créancier toute espèce d'actes ? Non ; en vertu du principe que nous avons exposé plus haut , les effets du terme de grâce doivent s'arrêter là où commence pour le créancier un danger sérieux de perdre sa créance. Aussi avons-nous vu (Art. 124) , que le débiteur perd le bénéfice du délai obtenu dans les mêmes cas où il n'est pas permis au juge de l'accorder. Voilà aussi pourquoi l'art. 125 porte : « Les actes conservatoires seront valables, nonobstant le délai accordé. ».

Cette disposition est de toute raison. Ainsi le créancier pourra prendre ou renouveler une inscription hypothécaire , interrompre la prescription à l'égard des tiers détenteurs , s'opposer à ce qu'un partage ait lieu hors sa présence et faire d'autres actes de cette nature que la loi permet , même avant l'arrivée du terme conventionnel ou l'accomplissement de la condition (Cod. Nap. , art. 1180).

Mais le terme de grâce a-t-il tous les effets du délai de droit ? Nous devons répondre négativement. Sans doute, lorsqu'il y a délai de grâce , le créancier ne peut pas plus poursuivre qu'au cas de délai conventionnel , mais la dette n'en a pas moins le caractère de dette exigible. Il y a répit pour le débiteur , voilà tout. Le débiteur ne pourrait s'opposer à l'acquittement de la dette , si ce résultat pouvait être atteint autrement que par l'emploi des voies de rigueur ; ainsi le terme de grâce ne met point obstacle à la compensation ; l'art. 1292 du Code Napoléon le déclare formellement ; ainsi le debiteur ne pourrait revenir sur le paiement par lui fait , même par erreur, avant l'expiration du délai de grâce , tandis que nonobstant l'art. 1186 du Code Napoléon qui interdit de répéter ce

, qui a été payé avant le terme de droit, beaucoup d'auteurs n'appliquant cet article qu'au paiement fait en connaissance de cause, accordent au débiteur qui a payé dans l'ignorance du délai, sinon le droit de répéter, celui de se faire dédommager de la perte de jouissance qu'il a éprouvée.

II. — De la Contrainte par corps.

Dérivée des moyens d'exécution, si violents dans l'origine, que la loi romaine donnait au créancier contre la personne de son débiteur ; appliquée avec plus ou moins de rigueur aux diverses époques de l'ancien Droit Français, la contrainte par corps est passée et s'est maintenue dans notre Droit moderne, malgré deux essais d'abolition (Décret du 9 mars 1793 ; Décret du 9 mars 1848). Elle se trouve aujourd'hui régie par le titre XVI, Liv. III du Code Napoléon, diverses dispositions du Code de Procédure (Articles 107, 126, 127, 191, 213, 221, 534, 536 et autres) et les lois importantes des 17 avril 1832 et 13 décembre 1848. Le Tit. XV, 1re partie, Liv. V du Code de Procédure, règle les formes de l'emprisonnement.

Nous n'avons à nous occuper ici que des deux articles 126 et 127 du Code de Procédure.

Article 126 : « La contrainte par corps ne sera prononcée que dans les cas prévus par la loi ; il est néanmoins laissé à la prudence des juges de la prononcer : — 1o pour dommages et intérêts en matière civile, au-dessus de la somme de 300 fr. ; — 2o pour reliquats de compte de tutelle, curatelle, d'administration de corps et communauté, établissements publics, ou de toute administration confiée par justice, et pour toutes restitutions à faire par suite desdits comptes. »

Cet article autorise la contrainte par corps dans des cas qui n'avaient pas été prévus par le Code Napoléon ; il s'en rapporte dans ces cas, à la prudence du juge, pour en ordonner ou refuser l'application ; la contrainte par corps n'est donc ici que facultative, tandis qu'il est d'autres cas où elle est impérative ou obligatoire ; de telle sorte que le juge ne peut pas se dispenser de l'ordonner si elle est demandée ; mais il convient de remarquer ici qu'à la différence des voies d'exécution sur les biens , la contrainte par corps doit , dans tous les cas , être prononcée expressément par un jugement , pour pouvoir être employée , du moins en matières civile et commerciale ; au contraire , en cas de condamnations même civiles prononcées par les tribunaux criminels , l'emploi de la contrainte par corps a lieu de plein droit sans avoir été prononcée (Code Pénal , art. 52.)

Le premier cas prévu par l'article 126 est celui de condamnation pour dommages-intérêts *en matière civile;* la disposition de l'article ne pouvait , en effet , s'appliquer qu'en matière civile : en matière commerciale la contrainte par corps est toujours obligatoire , et nous venons de voir qu'elle s'exerce de plein droit en matière criminelle.

L'article 126 ne s'applique que lorsque les dommages-intérêts en matière civile , sont au-dessus de 300 fr. ; ce chiffre de 300 fr. avait déjà été fixé comme minimum par le Code Napoléon : mais dans le cas de l'art. 126 du Code de Procédure il y a une légère différence : il ne suffit pas que la condamnation soit égale à ce chiffre, il faut qu'elle soit supérieure.

La contrainte par corps ne saurait s'appliquer aux dépens , l'art. 126 ne le prescrivant pas comme le faisait l'ordonnance de 1667.

A l'égard du second cas prévu par l'art. 126 , il faut remarquer que les art. 8 et 9 de la loi du 17 avril 1832 ont rendu la contrainte par corps impérative contre les administrateurs ou agents comptables des deniers de l'Etat , des communes ou des établissements publics.

Dans le silence de l'art. 126-2º , faut-il suppléer quant aux sommes pour lesquelles la contrainte par corps peut être prononcée, le minimum que le précédent alinéa fixe *au-dessus de* 300 fr. ? On l'admet généralement ; la lacune qui paraît exister à cet égard dans l'article , n'est qu'un vice de rédaction. Le législateur s'en est problablement référé, soit au 1er aliéna, soit au principe général de l'art. 2065 du Code Napoléon. La loi de 1832 nous fournit même un argument dans ce sens. En rendant, comme nous venons de le dire, la contrainte obligatoire contre les comptables publics, elle porte expressément qu'elle ne pourra avoir lieu que pour une somme de plus de 300 fr.

L'article 126 nous parle de « toute administration confiée par justice » ; d'où il suit que les administrateurs ou mandataires constitués par les particuliers, ne sont pas contraignables par corps, du moins pour le paiement du reliquat de compte. — Quant à l'obligation de rendre le compte, l'art. 534 du Code de Procédure accorde la contrainte par corps pour en assurer l'exécution, contre toutes personnes sans distinction et sans égard au chiffre présumé du reliquat.

Article 127. « Pourront les juges dans les cas énoncés en l'article précédent, ordonner qu'il sera sursis à l'exécution de la contrainte par corps, pendant le temps qu'ils fixeront; après lequel elle sera exercée sans nouveau jugement. Ce sursis ne pourra être accordé que par le jugement qui statuera sur la contestation, et qui énoncera les motifs du délai ».

Le sursis permis par cet article, est un délai de grâce. La dernière phrase contient une disposition en tout point semblable à celle de l'article 122, dont nous avons déjà parlé. Les motifs en sont les mêmes. Nous pensons donc qu'il faudra se référer à l'article 123, pour fixer le point de départ du délai.

Mais le débiteur serait-il déchu de ce sursis dans les cas prévus par l'article 124? Nous ne pouvons le croire; les dispositions de rigueur ne sauraient être étendues par analogie.

Reste la question de savoir si l'art. 127 pourrait être appliqué, en dehors des hypothèses prévues par l'art. 126, à tous les cas où la contrainte par corps est facultative : l'affirmative ne nous paraît pas douteuse; si le juge est libre de refuser la contrainte par corps, pourquoi lui serait-il interdit de ne l'accorder qu'avec l'adoucissement résultant de l'article 127?

Droit Criminel.

De la prescription extinctive de l'action publique et de l'action civile (Cod. d'Inst. Crim. , art. 637 , 638 , 640, 643.)

Comme en Droit Civil, la prescription est admise dans la législation criminelle, et elle s'y présente avec un double caractère : elle est à la fois un moyen de libération des peines prononcées par les tribunaux, quand il y a eu condamnation, et, au cas contraire, un moyen d'extinction de l'action publique et de l'action civile. Nous n'avons à l'envisager ici qu'à ce dernier point de vue, réglé par les articles 637, 638, 640 et 643 du Code d'Instruction Criminelle.

Diverses considérations justifient l'établissement de la prescription dont nous avons à nous occuper. Le législateur a pensé qu'un temps plus ou moins long, passé dans le remords et l'anxiété, peut être considéré comme une punition suffisante pour le coupable ; d'ailleurs, à mesure que s'effacent les traces de l'atteinte portée à l'ordre social, la peine devient moins nécessaire comme exemple, et il est même préférable de ne pas réveiller le souvenir d'une infraction lorsqu'elle est à peu près oubliée. Enfin, et cette considération a une grande importance , avec le temps les preuves disparaissent et la vérité finit par devenir tout-à-fait impossible à découvrir.

La loi laisse intimement unies pour l'application de la prescription l'action publique et l'action civile. Basée sur la même cause que l'action publique, l'action civile ne doit point lui survivre, et il ne convient pas d'accorder à l'intérêt privé le droit de susciter des débats qui ne sont pas permis dans un intérêt public; mais ce principe doit être entendu avec réserve. L'action civile n'est ainsi liée à l'action publique que lorsqu'il s'agit d'obtenir des dommages-intérêts qui ne peuvent être en quelque sorte que l'accessoire de la condamnation criminelle; mais l'action civile peut ne pas avoir nécessairement pour base le crime, le délit ou la contravention, du moins qualifiés comme tels : alors elle se présente comme principale et indépendante, elle ne se prescrit que d'après les règles du droit civil et elle peut survivre à l'action publique. Nous en trouvons un exemple dans l'espèce d'un arrêt de la Cour de Cassation du 6 juillet 1829, qui a déclaré l'action civile ainsi indépendante de l'action publique, lorsqu'elle est exercée contre un fonctionnaire public accusé de concussion, à l'effet d'obtenir, non la réparation du dommage causé par le crime dénoncé, mais la répétition de la somme payée au-delà de celle qui était réellement due.

Mais remarquons que si l'action civile a été intentée régulièrement devant le tribunal civil, elle n'est plus soumise à la prescription édictée par le Code d'Instruction criminelle ; ce Code n'a réglé, en effet, que l'extinction de l'action ; or, ici il s'agit d'une instance engagée, dont le sort ne saurait être réglé que par le droit civil.

Si l'action publique est jugée avant que l'action civile soit engagée, quelle prescription faudra-t-il appliquer à cette dernière action? On décide que s'il y a eu acquittement sur l'action publique, c'est à la prescription en matière criminelle que l'action civile continue d'être soumise; en effet, la difficulté des preuves est, nous l'avons vu, une des considérations qui motivent cette prescription ; or, c'est bien dans l'hypothèse d'un acquittement au criminel, qu'on doit craindre l'insuffisance des preuves. Mais la question a fait plus de doute pour le cas où il y a eu condamnation criminelle : ici, dit-on, la culpabilité est légalement certaine; il n'y a donc plus d'inconvénient à admettre la prescription du droit civil. C'est ce qu'ont jugé quelques arrêts , mais il en existe d'autres en sens contraire.

Nous devons voir maintenant quel est le temps fixé par le Code d'Instruction criminelle pour la prescription de l'action publique et de l'action civile. Une observation qu'il convient de faire au préalable , c'est que le délai est de rigueur et n'est point suspendu par la minorité ou l'interdiction de la partie lésée.

La durée de la prescription est de dix ans révolus quand il s'agit d'un crime de nature à entraîner la peine de mort ou toute autre peine afflictive ou infamante (art. 637) ; elle est réduite à trois ans révolus dans le cas d'un délit passible de peines correctionnelles (art. 638); enfin le délai est d'un an seulement en matière de contravention de police. (Article 640.)

Remarquons que pour l'application de ces règles, il faut moins envisager la peine qui sera prononcée pour chaque acte en particulier que le caractère de l'infraction considérée en elle-même. Ainsi , lorsqu'il s'agit d'un crime qui, pour certaines causes particulières, est excusable, et ne doit être puni que de peines correctionnelles , il n'y a pas moins crime, et dès-lors la prescription ne peut être acquise que par dix ans; il en serait de même pour un crime commis par un mineur de seize ans , quoique le plus souvent, dans ce cas, le jugement appartienne au tribunal correctionnel ; au contraire, il y aurait prescription acquise , si la cour d'assises étant saisie plus de trois ans après la perpétration de l'acte , la déclaration du jury ne donnait à cet acte que le caractère d'un délit.

Le délai de la prescription court du jour où le crime ou délit a été commis, s'il s'agit d'un acte qui s'accomplit instantanément et sans être continué , et seulement à partir du jour où le crime ou délit cesse de se commettre, quand il est *successif* , c'est-à-dire continu dans son accomplissement , comme le crime de séquestration de personne.

Mais la prescription peut être interrompue. Aux termes de l'art. 637, l'interruption résulte , en matière de crimes et délits, de tous actes d'instruction ou de poursuite ; il faut que les actes émanent des officiers de police judiciaire, autrement il n'y aurait pas instruction ou poursuite. Les recherches et informations auxquelles peuvent se livrer d'autres personnes , ne sont pas plus que de simples plaintes, interruptives de la prescription.

Quant aux contraventions de police, la prescription n'est interrompue à leur égard , d'après l'art. 640, par aucun acte d'instruction ou de poursuite ; il faut pour qu'il puisse y avoir condamnation , que le jugement soit rendu dans l'année à dater du jour où le fait a été commis ; s'il y a eu jugement définitif de première instance de nature à être attaqué par la voie de l'appel , la prescription s'acquiert et le jugement est pour non-avenu lorsque l'appel n'est pas jugé dans l'année de la notification de l'appel interjeté.

Les jugements de police correctionnelle peuvent aussi être susceptibles d'appel. Quand ils sont attaqués par cette voie, il faut décider , par analogie avec l'art. 640, qu'il y a extinction de l'action publique et de l'action civile par la prescription de trois ans du jour où l'appel est relevé ; mais ici les actes d'instruction et de poursuite survenus dans les trois ans interrompraient la prescription , et le jugement en dernier ressort ne devrait pas nécessairement intervenir dans le délai, comme dans le cas de l'article 640.

Tout acte interrompant la prescription de l'action publique a le même effet à l'égard de l'action civile ; car il émane de personnes chargées d'agir dans l'intérêt général de la société, ce qui comprend virtuellement en quelque sorte l'intérêt de la partie lésée. Mais si la partie lésée peut se dire représentée à un certain point par les fonctionnaires qui agissent au nom de la société, l'inverse ne saurait se supposer , et dès-lors , les actes d'un particulier ne doivent jamais être considérés comme interrompant la prescription de l'action publique.

L'article 643 déclare que les dispositions du chapitre dont il fait partie ne dérogent point aux lois particulières relatives à la prescription des actions résultant de certains délits ou de certaines contraventions. Ces prescriptions particulières sont en grand nombre ; on peut citer comme exemples : celle des délits ruraux, qui est d'un mois ; celle des délits de pêche, qui est d'un ou trois mois, suivant les cas ; celle des délits de chasse, qui est de trois mois ; celle des délits ou contraventions en matière forestière, qui est tantôt de six mois, tantôt d'un an, etc.

Cette Thèse sera soutenue, en séance publique, dans une des salles de la Faculté, le 31 août 1855.

Le Président de la Thèse ,

CHAUVEAU-ADOLPHE.

Toulouse, Imprimerie Troyes OUVRIERS REUNIS , rue Saint-Pantaléon , 3.

TOULOUSE
OUVRIERS RÉUNIS
St-Pantaléon, 3.